FRANZ BRANDL

50 TOP-DRINKS MIT RUM & TEQUILA

BEST OF COCKTAILS

südwest

INHALT

TIPPS ZUR ZUBEREITUNG

Das wichtigste Arbeitsgerät des Barmixers ist der Shaker. Beim dreiteiligen Shaker ist das Sieb im Mittelteil bereits eingebaut. Der zweiteilige Boston-Shaker besteht aus einem Edelstahl- und einem Glasteil, und man benötigt zusätzlich ein Barsieb. Shaker und Elektromixer sind das Herzstück der Ausrüstung. Außerdem benötigt man ein kleines Schneidbrett, ein Barmesser, einen Barlöffel, einen Flaschenöffner und einen Messbecher. Mit einer Eiszange oder Eisschaufel und einem Gefäß für das Eis ist die Ausstattung komplett. Mit Ausnahme des Shakers und des Barsiebs (Strainer) finden sich die meisten Gerätschaften in irgendeiner Form im Haushalt.

ZUBEHÖR

Zum Aufspießen von Früchten benötigt man Cocktailspieße aus Plastik oder Holz. Trinkhalme in verschiedenen Farben und lange Stirrer (Rührstäbe) eignen sich als Zugabe zu kohlensäurehaltigen Drinks.

VERMISCHEN IM RÜHRGLAS

Im Rührglas – ein hohes, meist dickwandiges Glas mit Ausgießschnabel – mischt man hauptsächlich die im Ergebnis klaren Shortdrinks. Dabei werden die Zutaten mit Eiswürfeln durch das Rühren mit einem Barlöffel vermischt und gekühlt. Durch ein Barsieb wird dann der Inhalt in das Trinkglas abgegossen.

SCHÜTTELN IM SHAKER

Beim Schütteln gibt man zuerst Eiswürfel in das Unterteil des Shakers und gießt die Zutaten dazu. Dann wird der Shaker geschlossen und in waagerechter Haltung in Schulterhöhe kräftig geschüttelt. Nach dem Absetzen wird der Shaker geöffnet und durch das Barsieb in das Trinkglas auf frische Eiswürfel abgegossen.

ZUBEREITUNG IM ELEKTROMIXER

In den Aufsatz des Elektromixers werden Eiswürfel oder zerstoßenes Eis und die Zutaten gegeben. Dann lässt man den Elektromixer laufen, bis alles gut vermischt und gekühlt ist. Abgegossen wird die gesamte Mischung in Gläser – mit oder ohne frisches Eis. Zuletzt wird der Drink mit Früchten garniert.

SHAKER

Drei Modelle von Shakern sind auf dem Markt: der zweiteilige aus Silber, der dreiteilige aus Edelstahl mit im Mittelteil eingebautem Sieb und der Boston-Shaker, der aus einem kleineren Glasteil und einem größeren Edelstahlteil besteht. Beim Metallshaker wird das Unterteil gefüllt und das Oberteil nach innen eingesetzt. Nach dem Shaken wird aus dem Unterteil abgegossen. Beim Boston-Shaker wird das Glasteil gefüllt und das Metallteil darübergestülpt.

RUM – WARENKUNDE

Zuckerrohr kam aus Asien zunächst nach Europa, und Kolumbus brachte es in die Neue Welt. Von hier aus verbreitete sich die Zuckerrohrkultur schnell über die karibische Inselwelt und das amerikanische Festland. Aus Zuckerrohr gewinnt man Zucker und mit dem Rum eine der beliebtesten und facettenreichsten Spirituosen. Der meiste Rum und die bekanntesten Marken werden heute auf den karibischen Inseln, auf dem südamerikanischen Festland und in Mittelamerika hergestellt. Aber auch in Australien, auf den Philippinen, in Südafrika, auf Madagaskar und Mauritius wird Zuckerrohr zu Rum verarbeitet.

DER URSPRUNG

Wer ihn erfunden hat, ist nicht bekannt, doch über die Rumherstellung wird schon aus der Zeit vor 1650 berichtet. Als sich die Holländer auf den Westindischen Inseln und im nördlichen Südamerika niederließen, brachten sie die Rumfabrikation wohl als Erste in Schwung. Der Name »Rum« bürgerte sich ab etwa 1660 ein; die Ableitung vom lateinischen »saccharum« für Zuckerrohr könnte als Ursprung für das Wort »Rum« gelten.

DIE HERSTELLUNG

Bei der Gewinnung von Rohrzucker entsteht als Nebenprodukt die Melasse. Sie bildet neben Zuckerrohrsaft

oder -sirup die Grundlage für Rum. Nach der Destillation muss der Rum einige Zeit lagern und reift in Eichenholzfässern oder Stahltanks. Die normale Reifezeit für leichten Rum beträgt drei bis sechs Monate. Manche schwere Sorten bleiben aber auch mehrere Jahre in den Fässern. Während dieser Zeit zieht der Rum Geschmacksstoffe aus dem Holz und nimmt eine gelblich-bräunliche Färbung an. Soll er weiß bleiben, muss er anschließend über Aktivkohle gereinigt werden. Weil dabei Aromastoffe verloren gehen, produziert man inzwischen von vornherein weißen Rum, der in Stahlbehältern gelagert wird. Die Farbe des braunen Rums stammt nur zu einem geringen Teil aus dem Holz. Dieser wird, damit er einen stets gleichen Farbton erhält, nach der Fasslagerung gemischt und mit Zuckercouleur gefärbt.
Die deutschen Bestimmungen unterscheiden mit Original Rum, Echter Rum und Rum-Verschnitt drei Rumqualitäten. Original Rum erfuhr keine Veränderungen, Echter Rum ist auf Trinkstärke herabgesetzter Original Rum, und die deutsche Besonderheit Rum-Verschnitt ist eine Mischung aus Neutralalkohol und hocharomatischem Original Rum. Eine Spezialität sind die »Spiced« und »Flavoured Rums«. »Spiced« sind mit Gewürzextrakten wie z. B. Vanille, Zimt oder Muskat »gewürzte« Rums. »Flavoured Rum« ist Rum mit Fruchtzusätzen. Die bekanntesten sind Coconut Rum, Pineapple Rum, Mango Rum und Banana Rum.

BEKANNTE RUMMARKEN

BACARDI In Santiago auf Kuba entstand 1862 die Firma Bacardi. Ihr Gründer, Facundo Bacardi, war 1830 aus Spanien in den karibischen Raum gekommen. Als Fidel Castro 1960 die Bacardi-Brennereien verstaatlichte, wurde die Produktion in andere Länder der Karibik ausgelagert. Facundo Bacardi war der Erste, der Rum von hohem Reinheitsgrad destillierte; seit Jahrzehnten ist Bacardi der größte Rumproduzent der Welt.

CAPTAIN MORGAN Dieser berühmte Jamaica Rum ist die Nummer zwei unter den Rummarken. Seinen Namen erhielt er von Henry Morgan, der ein berüchtigter Seeräuber der Karibik war.

DOS MADERAS Dos Maderas ist ein außergewöhnlicher Rum des Sherry- und Brandyhauses Williams & Humbert. Seit 2010 ist man mit den »Dos Maderas«, spanisch für »zwei Hölzer«, auch im Rumgeschäft. Dos Maderas Rums sind Blends aus Barbados und Guyana Rum. Der

5+3 erfährt seine erste, fünfjährige Reifung in der Karibik und reift anschließend weitere drei Jahre in Sherryfässern. Der 5+5 reift ebenfalls fünf Jahre in der Karibik und weitere fünf in Pedro-Ximénez-Sherryfässern. Der Rum für die Top-Marke »Luxus« reift zehn Jahre im Ursprungsland und weitere Jahre in Pedro-Ximénez-Fässern.

HAVANA CLUB Dieser weltweit geschätzte Rum wird seit 1878 in Santa Cruz/La Habana hergestellt. Erst 1982 wurde die berühmteste Marke, der drei Jahre gereifte Havana Club 3 Años, erstmals auch in Deutschland angeboten. Dieser helle, klare Kuba-Rum mit seinem leicht grünlichen Schimmer und dem trockenen, aromatischen Geschmack ist weltweit einzigartig. Das Angebot wurde 1988 um den »7 Años« erweitert. Seit einigen Jahren vervollständigen weitere Sorten das Angebot.

MILLONARIO Der peruanische Ron Millonario wird oft als einer der besten Rums der Welt bezeichnet. Die Hauptmarke, der Reserva Especial, reift 15 Jahre im Solera-System und wird in auffällig umflochtenen Flaschen angeboten.

MOUNT GAY Die Insel Barbados genießt den Ruhm, die Geburtsstätte des Rums zu sein. Barbados wurde um 1500 von den Spaniern entdeckt; bereits einige Jahre später begann die Rumproduktion. Von den verschiedenen Sorten ist der »Eclipse« das bekannteste Produkt der Brennerei.

CACHAÇA – WARENKUNDE

Cachaça (sprich: Kaschassa) ist ein Zuckerrohrdestillat, das in seiner Heimat Brasilien in unzähligen Marken angeboten wird. Man schätzt, dass diese und die etwa 30000 Kleinbrenner jährlich weit über eine Milliarde Liter herstellen und dass Cachaça nach dem Wodka die meistkonsumierte Spirituose der westlichen Welt ist. Der seit Ende des 17. Jahrhunderts bekannte Cachaça beherrscht den gesamten Spirituosenmarkt des Landes.

DIE HERSTELLUNG

Während Rum in vielen Ländern beheimatet ist, wird Cachaça ausschließlich in Brasilien hergestellt. Hauptsächlich im Zuckerrohr-Bundesstaat Pernambuco, im Osten des Landes und im südlicher gelegenen Minas Gerais sind die großen Destillerien angesiedelt.
Im Gegensatz zu Rum, den man hauptsächlich aus Melasse – den Rückständen bei der Zuckerherstellung – gewinnt, wird Cachaça aus frischem Zuckerrohrsaft hergestellt. Obwohl beide das Zuckerrohr als Ausgangsprodukt haben, sind sie doch grundverschieden und als Endprodukt weit voneinander entfernt. Der hauptsächliche Unterschied entsteht durch ein anderes Gärverfahren und die Stärke der Destillation. Cachaça ist in der Regel wasserhell, wird aber auch golden getönt angeboten. Der goldene Farbton entsteht jedoch meist durch zugesetztes Karamell.

BEKANNTE CACHAÇAMARKEN

CACHAÇA 51 ist in seiner Heimat die führende Marke. Gegründet wurde das heutige Unternehmen Müller de Bebidas um 1900 von der aus Deutschland eingewanderten Familie Müller. Standort ist die Stadt Pirassununga im Bundesstaat São Paulo.

NÊGA FULO Die Nêga-Fulo-Cachaças stammen vom Fazenda Soledade, einem 1827 gegründeten Familienunternehmen, das im Bundesstaat Rio ansässig ist. Nêga Fulo wird in Deutschland in drei Qualitäten angeboten. Neben den Klassiker in der umflochtenen Flasche mit 41,5 %vol gibt es den »Canario« mit 40 %vol. Außergewöhnlich ist der drei Jahre gereifte »Special Aged Reserve« mit 43 %vol.

PITÚ Die in Deutschland bekannteste Cachaçamarke, der Pitú, wurde bereits lange vor Beginn der Caipirinha-Welle nach Deutschland importiert. Diese Verfügbarkeit machte Pitú zur Nummer eins in Deutschland. Pitú wird im Bundesstaat Pernambuco hergestellt. In dieser Region lebt eine große Garnelenart – das Markenzeichen von Pitú. Pitú wird wasserhell oder golden getönt angeboten.

PLANTER'S PUNCH

DER KARIBIKKLASSIKER

3 cl weißer Rum

3 cl brauner Rum

1 cl Grenadine

3 cl Ananassaft

3 cl Orangensaft

3 cl Grapefruitsaft

SO WIRD'S GEMACHT

Die Zutaten mit Eiswürfeln im Shaker schütteln und in ein Longdrinkglas auf einige Eiswürfel abgießen. Mit einem Ananasstück und einer Cocktailkirsche garnieren.

VARIANTEN

Dieser Drink lässt sich in jeder Saft-Sirup-Rum-Variante mixen.

PUSSY FOOT (ALKOHOLFREI) Die Zutaten verdoppeln, aber ohne Rum

JAMAICA PUNCH

PLANTER'S-PUNCH-VARIANTE

3 cl weißer Jamaica Rum

3 cl brauner Jamaica Rum

2 cl Caramel Sirup

1 cl Zitronensaft

6 cl Ananassaft

6 cl Orangensaft

SO WIRD'S GEMACHT

Die Zutaten mit Eiswürfeln im Shaker kräftig schütteln und in ein großes Glas auf einige Eiswürfel abgießen. Mit einem Ananasstück und einer Cocktailkirsche garnieren.

PIÑA COLADA
BERÜHMTER KARIBIK-KOKOSDRINK

6 cl weißer Rum

10 cl Ananassaft

2 cl Cream of Coconut oder Kokossirup

2 cl Sahne

SO WIRD'S GEMACHT

Die Zutaten im Elektromixer gut durchmixen und in ein Longdrinkglas auf gestoßenes Eis abgießen. Mit Ananasstücken und einer Cocktailkirsche garnieren.

VARIANTE

VIRGIN COLADA (ALKOHOLFREI) ohne Rum, dafür mehr Ananassaft.

ANMERKUNG Cream of Coconut ist süßer als Kokossirup. Was und wieviel man verwendet, bestimmt der persönliche Geschmack.

STRAWBERRY COLADA

PIÑA-COLADA-VARIANTE

4 cl weißer Rum

2 cl Strawberry Liqueur

4 cl Kokossirup

2 cl Zitronen- oder Limettensaft

10 cl Ananassaft

SO WIRD'S GEMACHT

Die Zutaten mit Eiswürfeln im Shaker kräftig schütteln und in ein großes Glas auf gestoßenes Eis abgießen. Eine Erdbeere an den Glasrand stecken.

MOJITO
KLASSIKER AUS KUBA

1 TL weißer Rohrzucker

Sodawasser

Minzezweige

1 Limette

6 cl Havana Club 3 Años

SO WIRD'S GEMACHT

In ein Becherglas Zucker, etwas Sodawasser und Minze geben. Die Limette vierteln, ins Glas geben und mit einem Stößel zerdrücken. Zerstoßenes Eis und Rum dazugeben, mit Sodawasser auffüllen und kurz rühren. Mit Minze garnieren.

STRAWBERRY MOJITO

FEINE VARIANTE DES BERÜHMTEN ORIGINALS

10 Minzeblätter

½ Limette (in vier Stücke zerteilt)

½ Barlöffel weißer Rohrzucker oder Puderzucker

3 cl weißer Cuba Rum

3 cl Erdbeerlikör

8 cl Cranberrynektar

SO WIRD'S GEMACHT

Die Minzeblätter und die Limettenstücke in ein großes Becherglas geben und mit einem Stößel ausdrücken. Den Zucker hinzufügen und mit einem Barlöffel gut vermischen. Das Glas mit zerstoßenem Eis auffüllen, Rum, Erdbeerlikör und Cranberrynektar dazugeben. Nochmals gut verrühren und mit Erdbeerhälften garnieren.

MAI TAI
EIN GROSSER RUMDRINK

1 Limette

1 cl Limettensaft

1,5 cl Curaçao Orange

1 cl Zuckersirup

1 cl Mandelsirup

3 cl sehr alter Jamaica Rum

3 cl dunkler Martinique-Rum

SO WIRD'S GEMACHT

Die Limette vierteln und in einem Becherglas auf grob zerstoßenen Eiswürfeln auspressen. Die übrigen Zutaten mit Eiswürfeln im Shaker schütteln und in das Glas abgießen. Umrühren und mit einem Minzezweig garnieren.

ANMERKUNG Der Mai Tai entstand 1944, sein Erfolg führte zu unzähligen Rezeptänderungen. Keines erreichte jedoch das Original. Der Sinn der im Glas ausgepressten Limettenstücke besteht darin, dass man die ätherischen Öle der Schalen im Drink haben wollte.

DAIQUIRI
ZÄHLT ZU DEN TOP-TEN-DRINKS

5 cl weißer Cuba Rum

3 cl Zitronensaft

2 cl Zuckersirup

SO WIRD'S GEMACHT

Die Zutaten mit Eiswürfeln im Shaker gut schütteln und in eine Cocktailschale abgießen.

VARIANTEN

FROZEN DAIQUIRI Mit zerstoßenem Eis gemixt und serviert

BANANA DAIQUIRI Mit Bananenpüree, Bananenlikör oder -sirup gemixt

MANGO DAIQUIRI Mit Mangopüree, Mangolikör oder -sirup gemixt

FROZEN STRAWBERRY DAIQUIRI

BELIEBTE DAIQUIRI-VARIANTE

3–5 Erdbeeren

5 cl weißer Rum

3 cl Zitronensaft

2 cl Strawberry Liqueur

SO WIRD'S GEMACHT

Die Zutaten im Elektromixer mit gestoßenem Eis sämig mixen und in eine Cocktailschale geben. Eine Erdbeere an den Glasrand stecken.

CITRUS RUM COOLER

FRUCHTIG-SPRITZIGER RUMDRINK

4 cl alter brauner Rum

2 cl grüner Melon Liqueur

6 cl Orangensaft

klare Zitronenlimonade

SO WIRD'S GEMACHT

Die Zutaten – ohne Zitronenlimonade – mit Eiswürfeln im Shaker schütteln und in ein Longdrinkglas auf einige Eiswürfel abgießen. Mit kalter klarer Zitronenlimonade auffüllen, ein Orangenstück und eine Zitronenschale dazugeben.

RED KISS

FÜR DIE COCKTAIL HOUR

2 cl brauner Rum

2 cl Kirschlikör

4 cl Ananassaft

10 cl kalter trockener Sekt

SO WIRD'S GEMACHT

Die Zutaten – ohne Sekt – mit Eiswürfeln im Shaker schütteln. In eine Stielglas abgießen und mit kaltem Sekt auffüllen. Mit einem Ananasstück und einer Cocktailkirsche garnieren.

COME ON BABY
FRUCHTIG-SPRITZIGER LONGDRINK

4 cl weißer Rum

2 cl Erdbeerlikör

2 cl Rose's Lime Juice

8 cl roter Traubensaft

10 cl kalte Fanta Orange

SO WIRD'S GEMACHT

Die Zutaten – ohne Fanta – mit Eiswürfeln im Shaker kräftig schütteln und in ein Longdrinkglas auf einige Eiswürfel abgießen. Mit kalter Fanta auffüllen und mit einem Barlöffel leicht umrühren. Mit blauen Trauben und einer Erdbeere garnieren.

DARK 'N' STORMY

KULTDRINK AUF DEN BERMUDAS

5 cl Gosling Black Seal Bermuda Rum

kaltes Ginger Beer

SO WIRD'S GEMACHT

In ein Longdrinkglas auf einige Eiswürfel den Rum gießen und mit Ginger Beer auffüllen. Eine halbe Limettenscheibe dazugeben.

ANMERKUNG Ginger Beer ist eine alkoholfreie Ingwerlimonade und hat nichts mit Bier zu tun.

CUBA LIBRE
WELTBERÜHMTER LONGDRINK

4–6 cl Havana Club 3 Años

Limettenspalte

kaltes Colagetränk

SO WIRD'S GEMACHT

Den Rum in ein mit Eiswürfeln gefülltes Longdrinkglas gießen, die Limettenspalte darüber ausdrücken und mit Cola auffüllen.

ANMERKUNG Den Drink kann man natürlich auch mit anderen Rummarken zubereiten, aber Kuba-Rum ist das Original.

YELLOW BIRD

FEINE RUM-PUNCH-KOMBINATION

4 cl brauner Rum

2 cl Galliano Vanilla

2 cl Crème de Bananes

6 cl Orangensaft

6 cl Ananassaft

SO WIRD'S GEMACHT

Die Zutaten mit Eiswürfeln im Shaker kräftig schütteln und in ein Longdrinkglas auf einige Eiswürfel abgießen. Mit einem Stück Ananas und einer Cocktailkirsche garnieren.

ISLAND QUEEN

FRUCHTIGER RUMDRINK

4 cl brauner Rum

2 cl Crème de Bananes

1 cl Erdbeersirup

1 cl Zitronensaft

6 cl Orangensaft

6 cl Maracujanektar

SO WIRD'S GEMACHT

Die Zutaten mit Eiswürfeln im Shaker kräftig schütteln und in ein Longdrinkglas auf einige Eiswürfel abgießen. Mit einer Karambolescheibe und einer Erdbeere garnieren.

BAHAMA MAMA

WUNDERBARE KARIBIKKOMBINATION

2 cl brauner Rum

1 cl Jamaica Rum 73 %vol

2 cl Malibu Coconut Liqueur

1 cl Kahlúa Coffee Liqueur

2 cl Zitronensaft

12 cl Ananassaft

SO WIRD'S GEMACHT

Die Zutaten im Shaker mit Eiswürfeln schütteln und in ein Longdrinkglas auf einige Eiswürfel abgießen. Mit einer Karambolescheibe und einer Cocktailkirsche garnieren.

BARBADOS KILLER

EINER DER FEINSTEN RUMLONGDRINKS

6 cl Mount Gay Barbados Rum Extra Old

2 cl Falernum

kaltes Ginger Beer

1 Limettenviertel

SO WIRD'S GEMACHT

In ein Longdrinkglas Eiswürfel geben, Rum und Falernum dazugießen. Mit Ginger Beer auffüllen, ein Limettenviertel darüber ausdrücken und dazugeben. Leicht umrühren.

ANMERKUNG Falernum ist ein facettenreicher, würziger Rumlikör, der seine Heimat auf Barbados hat.
Ginger Beer ist eine Ingwerlimonade und hat nichts mit Bier zu tun.

CHOCOLATE COLADA

SCHOKOLADIGE COLADA-VARIANTE

3 cl weißer Rum

3 cl Mozart White Chocolate Liqueur

2 cl Kokossirup

10 cl Ananassaft

SO WIRD'S GEMACHT

Die Zutaten mit einigen Eiswürfeln im Shaker gut schütteln und in ein gut zur Hälfte mit zerstoßenem Eis gefülltes Longdrinkglas abgießen. Mit einem Ananasstück und einer Cocktailkirsche garnieren.

COCOSKISS

FEINER PARTYDRINK

4 cl Malibu Coconut Liqueur

2 cl weißer Rum

1 cl Maracujasirup

6 cl Orangensaft

6 cl Ananassaft

SO WIRD'S GEMACHT

Die Zutaten im Shaker mit Eiswürfeln kräftig schütteln und in ein Longdrinkglas auf Eiswürfel abgießen. Mit einem Ananasstück und einer Cocktailkirsche garnieren.

BLUE HAWAII

FÜR DIE HAPPY HOUR

2 cl weißer Rum

2 cl Cointreau

2 cl Blue Curaçao

4–6 cl Sahne

SO WIRD'S GEMACHT

Die Zutaten mit Eiswürfeln im Shaker gut schütteln und in eine Cocktailschale abgießen.

VARIANTE

BLUE HAWAIIAN 4 cl weißen Rum, 2 cl Blue Curaçao, 8 cl Ananassaft und 2 cl Cream of Coconut oder Kokossirup mit Eiswürfeln schütteln und in ein Longdrinkglas auf Eiswürfel abgießen. Mit einem Ananasstück und einer Cocktailkirsche garnieren.

JULIA

EIN PERFEKTER DAMENDRINK

3 cl weißer Rum

3 cl Amaretto

6 cl Sahne

3 große Erdbeeren

SO WIRD'S GEMACHT

Die Zutaten im Elektromixer gut durchmixen. Dann die Mischung mit Eiswürfeln im Shaker gut schütteln und in ein großes Stielglas abgießen. Eine halbe Erdbeere an den Glasrand stecken.

RUM ALEXANDER

CREMIG, AROMATISCH UND MILD

4 cl brauner Rum

2 cl Crème de Cacao Braun

4–6 cl Sahne

SO WIRD'S GEMACHT

Die Zutaten mit Eiswürfeln im Shaker gut schütteln und in eine Cocktailschale abgießen. Mit etwas geriebener Muskatnuss bestreuen.

ANMERKUNG Der Rum Alexander ist die Variante des Digestifklassikers Brandy Alexander, der mit Cognac gemixt wird.

EL PRESIDENTE
BEFORE-DINNER-DRINK AUS KUBA

4 cl weißer Rum

2 cl Vermouth Dry

1 cl Cointreau

1 Barlöffel Grenadine

SO WIRD'S GEMACHT

Die Zutaten im Rührglas mit Eiswürfeln gut verrühren und in ein Martiniglas abgießen. Eine dünne Orangenschalenspirale dazugeben.

MANOLIS
FÜR DEN SOMMERABEND

5 cl Spiced Rum

2 cl Rose's Lime Juice

1 cl Vanillesirup

4 cl Erdbeerpüree

5 cl Maracujanektar

SO WIRD'S GEMACHT

Die Zutaten mit Eiswürfeln im Shaker schütteln und in ein Longdrinkglas auf einige Eiswürfel abgießen. Eine Erdbeere an den Glasrand stecken.

ANMERKUNG Spiced Rum ist ein mit Gewürzen aromatisierter Rum der Karibik.

ZOMBIE
DER NAME SAGT ALLES

4 cl weißer Rum

4 cl brauner Rum

2 cl hochprozentiger Rum

2 cl Curaçao Triple Sec oder Cointreau

2 cl Grenadine

2 cl Maracujasirup

4 cl Zitronensaft

4 cl Orangensaft

4 cl Ananassaft

SO WIRD'S GEMACHT

Die Zutaten mit Eiswürfeln im Shaker gut schütteln und in ein zur Hälfte mit gestoßenem Eis gefülltes großes Glas abgießen. Mit einem Ananasstück und einer Cocktailkirsche garnieren.

ORANGENPUNSCH (HEISS)

FÜR DIE KALTEN TAGE

1 Tasse heißer starker schwarzer Tee

6 cl Orangensaft

4 cl brauner Rum

2 cl Cointreau

2 cl Zimtsirup

1 Orangenscheibe

6 Gewürznelken

SO WIRD'S GEMACHT

Den Tee heiß halten. In einem kleinen Topf Orangensaft, Rum, Cointreau und Zimtsirup erhitzen, aber nicht kochen. Die Mischung in ein feuerfestes Henkelglas geben und mit dem heißen Tee auffüllen. Die Orangenscheibe mit den Nelken spicken und in den Punsch geben.

JAMAICA COFFEE

IRISH-COFFEE-VARIANTE

3 cl Jamaica Rum

2 cl Tia Maria Coffee Liqueur

1 Tasse heißer Kaffee

1–2 TL brauner Zucker

leicht geschlagene Sahne

SO WIRD'S GEMACHT

Rum, Tia Maria, Kaffee und Zucker in ein vorgewärmtes Stielglas geben und gut verrühren. Die Sahne als Haube daraufsetzen.

RUM HOT TODDY
GEHALTVOLLER HOT DRINK

5 cl brauner Rum

3 cl Zitronensaft

2 cl Zuckersirup

1 Zitronenscheibe

Nelken

Zimtstange

SO WIRD'S GEMACHT

Rum, Zitronensaft und Zuckersirup erhitzen, in ein feuerfestes Glas geben und mit heißem Wasser auffüllen. Eine Zitronenscheibe mit Nelken spicken, in den Drink geben und eine Zimtstange dazugeben.

CAIPIRINHA

DER BRASILIANISCHE NATIONALDRINK

1–2 Limetten (je nach Größe)

6 cl Cachaça

2–3 Barlöffel feiner weißer Rohrzucker

SO WIRD'S GEMACHT

Die Limetten vierteln, den Saft in einen großen Tumbler ausdrücken und die Limettenstücke mit ins Glas geben. Mit einem Holzstößel die Limettenstücke nochmals ausdrücken. Den Cachaça und den Zucker dazugeben und mit einem Barlöffel gut vermischen. Das Glas mit grob zerstoßenen Eiswürfeln füllen und umrühren.

BERRY 51

FÜR DEN FRÜHEN ABEND

3 Brombeeren

3 Himbeeren

3 cl Cachaça 51

3 cl Crème de Mûre (Brombeerlikör)

3 cl trockener Weißwein

SO WIRD'S GEMACHT

Einige Beeren mit gestoßenem Eis in ein großes Becherglas geben. Die restlichen Zutaten mit Eiswürfeln im Shaker schütteln und in das Glas abgießen. Mit weiteren Beeren garnieren.

PITÚ MORANGO

APARTER CACHAÇADRINK

4 cl Pitú Cachaça

2 cl Erdbeerlikör

6 cl Orangensaft

6 cl Grapefruitsaft

SO WIRD'S GEMACHT

Die Zutaten mit Eiswürfeln im Shaker kräftig schütteln und in ein großes Becherglas auf einige Eiswürfel abgießen. Eine halbe Erdbeere an den Glasrand stecken.

TROPICANA

FRUCHTIGER CACHAÇALONGDRINK

6 cl Cachaça

1 cl Crème de Bananes

1 cl Kokossirup

6 cl Orangensaft

6 cl Maracujanektar

1 cl Blue Curaçao

SO WIRD'S GEMACHT

Die Zutaten – ohne Blue Curaçao – mit Eiswürfeln im Shaker kräftig schütteln und in ein Longdrinkglas auf einige Eiswürfel abgießen. Dann den Blue Curaçao darübergeben. Ein Ananasstück an den Glasrand stecken.

HOT CAIPI

DER KLASSIKER »IN HOT«

1 Limette

2 EL brauner Rohrzucker

6 cl Cachaça

SO WIRD'S GEMACHT

Die Limette achteln und in ein dickwandiges Glas geben. Mit einem Holzstößel die Limettenstücke ausdrücken und den Zucker darüberstreuen. In einem kleinen Topf ca. 1/8 Liter Wasser erhitzen und in den Becher geben. Den Cachaça dazugießen und mit einem langen Löffel gut umrühren.

HOT MORANGO CAIPI

FEINER, FRUCHTIGER HOT DRINK

1 Tasse heißer Erdbeertee

1 Bio-Orange

2 cl Zitronensaft

3 cl Erdbeersirup

4 cl Cachaça

SO WIRD'S GEMACHT

Den Erdbeertee heiß halten. Die Orange heiß abwaschen und trockenreiben. Mit einem Spiralschneider eine lange Spirale von der Orange abschälen und diese zur Hälfte in eine Tasse geben. In einem kleinen Topf den Zitronensaft und den Erdbeersirup erhitzen und den Cachaça dazugeben. Die heiße Mischung in die Tasse gießen und mit dem Erdbeertee auffüllen.

TEQUILA – WARENKUNDE

Als die Spanier Anfang des 16. Jahrhunderts nach Mexiko kamen, entdeckten sie bei den Einheimischen ein berauschendes Getränk: vergorenen Agavensaft mit dem Namen »Octli Poliquhqui«. Die Spanier nannten es »Pulque« und versuchten, die Pulque zu destillieren – aber ohne Erfolg. Pulque ist bis heute ein eigenständiges Getränk, das zwar wie Tequila und Mezcal aus Agaven gewonnen wird, aber nicht deren Basis bildet.
Die Agavenpflanzen nannten die Urbewohner »Metl«, die Spanier jedoch »Maguey«, da sie einem Gewächs ähnelten, das sie in der Karibik kennengelernt hatten. Da es viele Arten der Maguey-Pflanze gab, experimentierte man so lange, bis einige entdeckt waren, deren Saft man fermentieren und dann destillieren konnte. Dieses Getränk nannte man »Mezcal«, seine Herstellung verbreitete sich später in ganz Mexiko.

DER URSPRUNG

Während des späten 18. und frühen 19. Jahrhunderts begann der in dem Dorf Tequila hergestellte Mezcal, bekannt zu werden. Man stellte fest, dass die Hochebenen von Zentralmexiko, die das Dorf umgeben, ideal für das Wachstum der Maguey-Pflanze waren, und entdeckte außerdem, dass der in Tequila hergestellte Mezcal von einer einzigen Art der Maguey-Pflanze stammt.

Schließlich wurde eine wissenschaftliche Klassifizierung aller Maguey-Pflanzen vorgenommen, die über 400 Arten aufführte. Auch heute wird in Mexiko noch Mezcal hergestellt, aber er unterliegt nicht den Güte-vorschriften, die für Tequila gelten. In diesen Mezcals tauchte manchmal auch der mysteriöse Agavenwurm auf. Er stammt von den Agavenpflanzen, aus denen der Mezcal hergestellt wurde, und man gab ihn in die Flaschen, um eine Art von Echtheitsbeweis zu liefern. Heute ist es allenfalls noch ein Touristengag. Die Agave »Tequilana Weber«, Basispflanze des Mezcal von Tequila, wächst im Umkreis der Stadt und in benachbarten Gebieten mit gleichen ökologischen Bedingungen. Die Regionen, in denen Agaven für Tequila angebaut werden können, sind gesetzlich festgelegt. Es handelt sich um die Staaten Jalisco, in dem die Stadt Tequila liegt, sowie Guanajuato, Michoacan, Nayarit und Tamaulipas. Die kräftige Pflanze braucht Jahre zum Reifen und sieht dann wie eine gigantische Ananas aus, besetzt mit schwertförmigen Blättern. Erst wenn diese nach etwa acht Jahren reif sind, werden sie abgeerntet.

DIE HERSTELLUNG

Die Pinas, wie sie dann genannt werden, bringt man in die Destillerien. Die bis zu 70 Kilogramm schweren Pinas werden dort grob zerkleinert und in riesige Druckkocher gegeben. Danach werden die Stücke nochmals zerkleinert, um das Ausziehen des gesamten zuckerhaltigen Saftes, des »Mosto«, zu erleichtern. Die erste Destillation ergibt den Ordinario mit 29 %vol. Erst die zweite Destillation bringt den Tequila hervor. Grundsätzlich unterscheidet man zwischen Tequilas, die aus 100 Prozent Agave (Premium) bestehen, und solchen, bei denen das nicht der Fall ist; Letztere bezeichnet man als »mixto«. Bei Mixto-Tequilas muss der Zuckergehalt des zu vergärenden Agavensaftes mindestens zu 51 Prozent von den Agaven stammen, kann bis zu 99 Prozent von den Agaven herrühren oder auch bis zu 49 Prozent aus Zucker, der während des Gärungsprozesses zugesetzt wird. Alle Tequilas ohne die Bezeichnung »100 Prozent Agave« oder »Premium« könnten Mixto-Tequilas sein.

Blanco oder weißer Tequila, auch Silver oder Plata genannte Tequilas sind klar. Sie haben eine Reifezeit von unter 60 Tagen. Gold Tequila ist fast ausschließlich ungereifter Mixto-Tequila. Er wird nur für den Export produziert; seine Farbe erhält er durch den Zusatz von Karamell, seine weichere Note durch Aromastoffe.

»Reposado« (= abgelagert) muss mindestens 60 Tage reifen, je nach Produzent zwischen zwei und neun Monaten. »Añejo« (= gealtert) muss mindestens ein Jahr gereift sein, meist zwischen zwei und drei Jahren. Sie reifen oft in ehemaligen Bourbon-Whiskey-Fässern.

BEKANNTE TEQUILAMARKEN

CUERVO Dieser Tequila kommt aus der ältesten Tequiladestillerie. 1795 legte José Cuervo den Grundstein für einen Welterfolg und eine der größten Premium-Spirituosenmarken der Welt. Die Hauptsorten sind Especial Silver und Especial Reposado.

SAUZA Es gibt die Klassiker Silver und Gold, die 100-%-Agave-Tequilas »Hornitos« Plata, Reposado und Añejo sowie die 100-%-Tequilas »Tres Generaciones«.

SIERRA ist die mit weitem Abstand führende Tequilamarke in Deutschland und Europa. Sierra gibt es als »Silver«, »Reposado« und »Antiguo Añejo«. Außerdem die 100-%-Agave-Tequilas Milenario Blanco, Reposado und Extra Añejo.

SILLA Silla war in den 1950er-Jahren der erste Tequila, der nach Deutschland importiert wurde. Tequila Silla, dessen Markenzeichen ein Sattel (Silla) ist, wird als Silver und Gold angeboten.

TEQUILA SUNRISE

TEQUILAKLASSIKER

6 cl Tequila

10 cl Orangensaft

1 cl Grenadine

SO WIRD'S GEMACHT

Tequila und Orangensaft mit Eiswürfeln im Shaker gut schütteln und in ein mit gestoßenem Eis gefülltes Longdrinkglas abgießen. Die Grenadine langsam darüberlaufen lassen. Mit einer halben Orangenscheibe garnieren und vor dem Trinken umrühren.

MARGARITA

DER BERÜHMTESTE TEQUILADRINK

¼ Zitrone

Salz

4 cl Tequila

2 cl Cointreau

2 cl Zitronensaft

SO WIRD'S GEMACHT

Den Rand einer Cocktailschale in einem Zitronenviertel drehen und in eine mit Salz gefüllte Schale tupfen. Das nicht haftende Salz durch leichtes Klopfen am Glas entfernen. Tequila, Cointreau und Zitronensaft mit Eiswürfeln im Shaker kräftig schütteln und in das vorbereitete Glas abgießen.

STRAWBERRY MARGARITA

DIE »MILDERE« VARIANTE

¼ Zitrone

Zucker

4 cl Tequila

2 cl Cointreau

2 cl Zitronensaft

2 cl Strawberry Liqueur

3–5 Erdbeeren

SO WIRD'S GEMACHT

Den Rand einer Cocktailschale in einem Zitronenviertel drehen und in eine mit Zucker gefüllte Schale tupfen. Die restlichen Zutaten im Elektromixer gut durchmixen. In einen mit Eiswürfeln gefüllten Shaker gießen, kräftig schütteln und in das vorbereitete Glas abgießen. Eine Erdbeere an den Glasrand stecken.

ZORRO

PERFEKTER TEQUILALONGDRINK

4 cl Tequila

2 cl Cointreau

1 cl Blue Curaçao

4 cl Grapefruitsaft

kaltes Tonic Water

SO WIRD'S GEMACHT

Die Zutaten – ohne Tonic Water – mit Eiswürfeln im Shaker schütteln und in ein Longdrinkglas auf Eiswürfel abgießen. Mit Tonic Water auffüllen. Eine Orangenscheibe an den Glasrand stecken und Cocktailkirschen dazugeben.

BLACK DEATH

SCHWARZ UND AUSSERGEWÖHNLICH

2 cl Tequila

4 cl Blue Curaçao

2 cl Grenadine

4 cl Zitronensaft

8 cl Blutorangensaft

SO WIRD'S GEMACHT

Die Zutaten mit Eiswürfeln im Shaker kräftig schütteln und in ein Longdrinkglas auf einige Eiswürfel abgießen. Eine Zitronenscheibe an den Glasrand stecken und eine Cocktailkirsche dazugeben.

ANMERKUNG Wegen der Farbe unbedingt Blutorangensaft verwenden!

EL DIABLO

TEUFLISCHER LONGDRINK

¼ Limette

5 cl Tequila

2 cl Crème de Cassis

kaltes Ginger Ale

SO WIRD'S GEMACHT

Ein Longdrinkglas zur Hälfte mit Eis füllen. Das Limettenviertel über dem Eis auspressen und ins Glas geben. Tequila und Cassis darübergießen. Mit Ginger Ale auffüllen und umrühren.

TEQUILA SOUR

FÜR DIE HAPPY HOUR

5 cl Tequila

3 cl Zitronensaft

1–2 cl Zuckersirup

SO WIRD'S GEMACHT

Die Zutaten mit Eiswürfeln im Shaker kräftig schütteln und in einen kleinen Tumbler auf Eiswürfel abgießen. Eine halbe Orangenscheibe und eine Cocktailkirsche dazugeben.

VARIANTE

HOLIDAY 5 cl Tequila, 3 cl Zitronensaft, 2 cl Grenadine

HAPPY HOUR
SAGT SCHON DER NAME

4 cl Tequila

2 cl Blutorangensirup

1 cl Zitronensaft

6 cl Orangensaft

SO WIRD'S GEMACHT

Die Zutaten mit Eiswürfeln im Shaker kräftig schütteln und in ein kleines Weinglas abgießen. Eine Physalis an den Glasrand stecken.

PEPPER EATER
FRUCHTIGER TEQUILALONGDRINK

4 cl Tequila

2 cl Triple Sec Curaçao

6 cl Orangensaft

6 cl roter Traubensaft

SO WIRD'S GEMACHT

Die Zutaten mit Eiswürfeln im Shaker kräftig schütteln und in ein Longdrinkglas auf einige Eiswürfel abgießen. Eine halbe Orangenscheibe dazugeben.

GREEN POISON

FRUCHTIGER LONGDRINK

4 cl Tequila

2 cl Blue Curaçao

2 cl Kokossirup

2 cl Zitronensaft

10 cl Maracujanektar

SO WIRD'S GEMACHT

Die Zutaten mit Eiswürfeln im Shaker kräftig schütteln und in ein großes Becherglas auf zerstoßenes Eis abgießen. Eine Zitronenscheibe mit einer Cocktailkirsche an den Glasrand stecken.

CORCOVADO

SPRITZIGER LONGDRINK

2 cl Tequila

2 cl Blue Curaçao

1 cl Drambuie Liqueur

kalte klare Zitronenlimonade

SO WIRD'S GEMACHT

Einige Eiswürfel, Tequila, Blue Curaçao und den Drambuie Liqueur in ein Longdrinkglas geben. Mit der kalten klaren Zitronenlimonade auffüllen und jeweils eine halbe Orangen- und Zitronenscheibe dazugeben.

ELDORADO

FRUCHTIGER LONGDRINK FÜR DEN ABEND

5 cl Tequila

1 cl Triple Sec Curaçao

1 cl Crème de Bananes

4 cl Orangensaft

4 cl Ananassaft

4 cl Bananennektar

SO WIRD'S GEMACHT

Die Zutaten mit Eiswürfeln im Shaker kräftig schütteln und in ein Longdrinkglas auf einige Eiswürfel abgießen. Jeweils eine halbe Orangen- und Limettenscheibe sowie eine Cocktailkirsche dazugeben.

BLUE OCEAN

FRISCH-FRUCHTIGER LONGDRINK

3 cl Tequila

3 cl Blue Curaçao

1 cl Maracujasirup

6 cl Grapefruitsaft

kalte klare Zitronenlimonade

SO WIRD'S GEMACHT

Die Zutaten – ohne die Limonade – mit Eiswürfeln im Shaker kräftig schütteln und in ein großes Glas auf einige Eiswürfel abgießen. Mit der Zitronenlimonade auffüllen und leicht umrühren. Zitronenscheiben und Cocktailkirschen dazugeben.

MEXICAN SUNSET

FÜR DIE HAPPY HOUR

3 cl Tequila

2 cl Cointreau

3 cl Orangensaft

1 cl Zitronensaft

1 cl Mandelsirup

SO WIRD'S GEMACHT

Die Zutaten mit Eiswürfeln im Shaker kräftig schütteln und in einen Tumbler auf einige Eiswürfel abgießen. Mit einer Limettenscheibe und einer Cocktailkirsche garnieren.

TEQUILA VANILLA

AROMATISCHER LONGDRINK

4 cl Tequila Blanco

2 cl Galliano Vanilla

12 cl Maracujanektar

2 cl Sahne

1 cl Blue Curaçao

SO WIRD'S GEMACHT

Die Zutaten – ohne Blue Curaçao – mit Eiswürfeln im Shaker gut schütteln und in ein Longdrinkglas auf einige Eiswürfel abgießen. Den Blue Curaçao langsam daraufgießen. Ein Ananasstück an den Glasrand stecken.

COCKTAILREGISTER

IMPRESSUM

ÜBER DEN AUTOR

Franz Brandl zählt seit über 30 Jahren zu den ganz Großen seines Fachs. Als ausgebildeter und geprüfter Barmeister kann er auf eine erfolgreiche Karriere zurückblicken. In München leitete er u. a. Harrys New York Bar und die Bar in Eckart Witzigmanns weltberühmtem Restaurant »Aubergine«.

BILDNACHWEIS

Alle Bilder einschließlich der Umschlagbilder stammen von Reinhard Rohner, München. Alle Innenteilillustrationen stammen von Shutterstock/Lavandaart.x

HINWEIS

Das vorliegende Buch ist sorgfältig erarbeitet worden. Dennoch erfolgen alle Angaben ohne Gewähr. Weder Autor noch Verlag können für eventuelle Nachteile oder Schäden, die aus den im Buch gegebenen Hinweisen resultieren, eine Haftung übernehmen.

EBENFALLS VON FRANZ BRANDL BEI SÜDWEST ERSCHIENEN:

Best of Cocktails, mit Alkohol
Best of Cocktails, ohne Alkohol
50 Top-Drinks mit Gin & Wodka

1. Auflage

Redaktionsleitung Susanne Kirstein

Redaktion Dr. Ulrike Kretschmer, München

Layout und Umschlaggestaltung *zeichenpool

Satz, Projektrealisation Grafikdesign Hansen – Jan-Dirk Hansen, München

Reproduktion Artilitho snc, Lavis (Trento)
Druck und Bindung Druckerei Uhl, Radolfzell

Printed in Germany
ISBN 978-3-517-08988-1

FSC MIX Papier FSC® C004229

Verlagsgruppe Random House FSC® N 001967
Das für dieses Buch verwendete FSC®-zertifizierte Papier *Profisilk* wurd produziert von Sappi Stockstadt.